Paul Gisi
Lichthin in deinen schwarzen Pupillen
Liebesgedichte

Books on Demand

Bibliographische Information der Deutschen National-
bibliothek: Die Deutsche Nationalbibliothek verzeichnet
diese Publikation in der deutschen Nationalbibliogra-
phie, detaillierte bibliographische Daten sind im Internet
über http://dnb.dnb.de abrufbar.

© 2016 Autor: Paul Gisi
Umschlagbild Ludwig Weibel
Herstellung und Verlag:
BoD – Books on Demand, Norderstedt
ISBN 9783741241345

Paul Gisi

Lichthin in deinen schwarzen Pupillen

Liebesgedichte

Inhalt

Sonnenfackeln in der Nacht 5

Feueratem 13

Gewichtlos, schwer von Welt 21

Lichthin in deinen schwarzen Pupillen 51

Ich lösche dein Feuer mit meiner Zunge 77

Im Erleuchtetsein der Liebe 105

Sonnenfackeln in der Nacht

Ununterschieden
e i n s
wie das Rauschen
des Wasserfalls

Mein Mund
taucht ein
in dein Korallenriff
in den Muschelgesang
deiner Hände
ins Rot ins Blau
ins Grün ins Gelb
deines Herzens

ich singe die Galaxien
in deinen Augen
SINGE
WEIL DU BEI MIR BIST

*

Komm über mich
mit deinen Warmfronten
mit deinen Haufenwolken
komm als Südostpassat
Wärmegewitter Orionnebel

deine schwarzen Locken sind
Seefedern
    Schleiereulen
        Paradiesvögel

SONNENFACKELN
IN DER NACHT

Du mein Wüstenteufel
Sonnengucker Wasserdrache
blassblau grellorange
hell umbrabraun
schwarzbauchschildkrötenfarben

ich verliere mich
in deiner liebenden Umschlingung

*

Du schenkst mir
tausend Geheimnisse
ich schenke dir
meine Fülle meine Leere –

ohne Zunehmen
ohne Abnehmen
TANZT DIE WIRKLICHKEIT
IN DER UMARMUNG
in der innewohnenden Klarheit
unserer masslosen Lust

Lustentfesselt
brandet
nackter Körper
auf nacktem Körper

wir fliegen
miteinander ineinander
zu den Oasen des Weltalls
und lachen lachen
über alle Verdunkelungen
über alle Erleuchtungen

*

Mit dir
reise ich furchtlos
in die Höhlen
des Nashornleguans
zu den Gefahren
der Quallen
in die Irrheiten
der Formellosigkeiten

ich bin derart lustentbrannt
verrückt
d e i n e Verrücktheiten
anzubeten

Ich stürze mich
in deine sirrende
klirrende klippenreiche
Sinnlichkeit

hab keine Angst
ich fange
d e i n e n Sturz
unendlich sanft auf

*

Deine laternenfischschwarzen
seestachelbeerenrunden
meteorstromstrudelnden Locken
o wie liebe ich sie

u n e n d l i c h
SCHÖN BIST DU

ich verneige mich
vor dir
schlürfe deinen nackten Körper

Du öffnest mir
deine Tür
zu deinen Heiligtümern

wir werden uns finden
e r w e i t e r n
uns zusammenfassen
in den Küssen

*

Planetarischer Nebel DU
Sternbild W i n k e l m a s s
bei den Centauren
ich liebe
deine Wimpern
deine Körperhärchen
dein ganzes Nacktamöbengeistwesen

dich zu lieben
ist ein farbenprächtiges Fest
ein Brand der Leidenschaft –
DIE AUFLÖSUNG DER ILLUSIONEN

Feueratem

Für Ayup

*Dein Atem
eine Stichflamme
im Universum*

Auf dem Feuerschiff
halten wir Kurs
zu neuen Kontinenten
in den Fernen in uns –

der Feuervogel
stürzt sich in unsre Herzen

du bist mein Ziel
meine Erfüllung
im Blutfeuer der Nacht

*

Im Feuertraum
brandet der Atem
in gleissenden Farben

dein Geist irrt
durch Labyrinthe
greift zu universellen Feuerbällen

brennende Zungen
auf unsern Körpern
Brände in der Hand
feuerengelumarmt

Lichterloh brennende Vögel

deine Feuerkorallenaugen
entzünden meine Haut

wir begegnen uns
auf der flammenden Brücke
werden Feuerblume
    Feuerqualle
        Feuergeist

aufflammend
im Luststurz
IN DER ANBETUNG
DER FEURIGEN LIEBE

*

Feuergeistchen
    Flammenseelchen
die Hitze deines Körpers
bringt mich zum Entbrennen

ich schenke dir
meine Feuertränen

du schenkst mir
die Unendlichkeit
in deiner Feuerhand

Dein nackter Körper
ein Feuerzeichen
neben mir –

ich werfe mich
in deinen Brand
liebkose deine Finger
deine Beine deine Brust
deine Lippen dein Geschlecht

du sagst tief J A
– schweigst –
   s i n g s t
     J A

       *

Die Feuersäule
nähert sich uns
glutschweifig
    zaubrisch

wir lieben uns
in dieser Nacht

in dieser Nacht
die uns in Liebesekstase
verbrennt

Du erzählst
von Feuerkäfern
Feuerfischen
Feuerströmen

ich umarme
deine Feuerseesterne

ich liebe es
mit dir zu verbrennen

*

Feuerschritte Feuertöne
FEUERFARBEN
in dieser Feuernacht
die du entzündet hast

ich liefere mich
dir aus
du lieferst dich
mir aus

wir vertrauen unsern Bränden

Feuerengel
in der Feuernacht

flammender Lustbrand
unsre Körper

züngelnd
    die Feuerschlange

wir versengen
einer im andern

        *

Du mein Feuervögelchen

hinter brennenden Grenzen
tanzen Feuersonnen

mit Feuerarmen
ziehen wir uns
    trunken taumelnd aus
tanzen den FEUERTANZ
DER LIEBE

VERBRENNEN
    miteinander
        aneinander
INEINANDER

Gewichtlos,
schwer von Welt

*Oft rinnen Tränen
meineWangen hinunter
derart viel Welt ist in mir*

Die Hand

Die Hand
verdunkelt
die Sonne.

Sternbilder
nisten sich
in ihr ein.

Schön ist sie,
die Hand,
hält das Schwerste
leicht
wie ein Flötenkonzert.

*

Begegnung, unerwartet

Wir schauen uns an,
stockend, fragend.

Wir bemerken
die Vögel
über uns nicht.

Wir nicken.
Gehen zusammen weg.

Abenddämmerung

Lichtverhältnisse.
Einmal so,
einmal anders.

Da gibt es
nichts zu sagen.

Und doch,
in ihnen
fand ich dich.

Da gibt es
wieder nichts
zu sagen.

*

Auffächerung, zu dir hin

Sparrig verzweigte Gedanken
fingern in die Nacht.

Die Flamme züngelt
in den Wesenskern.

Die Sonne singt,
tanzt,
lacht.

Buddhastatue

Auf dem Schreibtisch
sitzt du,
dickbäuchig, lächelnd, fern.

Hinter den geschlossnen Augen
vergeht die Welt.

Die Spinne
auf dem Kopf
kümmert das nicht.

*

Zwiegespräch

Du öffnest die Hand,
Worte fliegen auf.

Die Sprache
habe ich längst verloren,
doch ich lächle dir zu.

Alter Schreibtisch

Da stehst du,
wacklig wie ich.

Auf dir
schrieb ich meine Werke.
Nahm dich mit
von Haus zu Haus.

Du bist mein Bruder,
mein Feind.

*

Ein Bild betrachtend

Licht und Schatten
wellen auf und ab
im Blau, im Grün, im Rot.

Die Farben singen.
Die Formen bleiben
ungezähmt.

Ich lache
und tauche ein
ins Bild.

Abschied

Zwei Augen
stürzen
in zwei Augen.

Kalt die Hand,
stumm der Mund.

Wir umarmen uns,
wissen nicht mehr warum.

*

Blitzriss

Im Blitzriss
dein Gesicht.

Ob Eiszeiten
oder Erderwärmungen,
wir halten uns
an der Hand.

Einsame Stunde

Das Buch
bleibt geschlossen.
Die Sinfonie
verstummt.

Im halbvollen Weinglas
funkelt das Schweigen.

Die einsame Stunde
vollendet sich
gezeitenlos
zeitlos.

*

Nichts geht auf

Illusion ist es,
einen Schlussstrich zu ziehen.

Ich zähle
meine Schulden,
ziehe die Ewigkeit ab.

Nichts geht auf.

Im Grunde unbekümmert

Vögel fliegen nach rechts,
nach links.
Der Uhrzeiger
ist stehen geblieben,
einfach so.

Wenn ich
zu dir wollte,
wo fände ich dich?

Ich schreibe richtungslos,
kopflos,
unbekümmert drauflos.

*

Dunkelheiten

Das, was ich wusste,
weiss ich nicht mehr.

Es gab Wettläufe
der Sonnen,
Eiszeiten,
Hitzeperioden,
ich weiss es nicht mehr.

Es ist dunkel geworden.

Ich mag diese Dunkelheiten
in mir.

Man müsste, muss aber nicht

Nun müsste ich
die Augen öffnen,
den Schritt wagen
durch die Tür.
Müsste sagen,
was zu sagen ist,
zum Beispiel „so nicht",
„das ist zu viel", „das ist zu wenig".

Man müsste so viel tun.

Nein, ich muss
überhaupt nichts tun.

*

Für dich

Leicht
wie eine Welle
die Stunden
zwischen Geburt und Tod.

Fern in mir
murmle ich ein Gebet,
lege es in deine Hand.

Zeit, Wind

Der Verdurstende trinkt
an den Quellen des Worts.

Im spinnenasselschlanken Körper
träumt ein Gott
sein Weltall.

Ein Herbstblatt fällt zu Boden.

*

Ein Rondo von Mozart

Filigrane Lichtfäden
durchsirren
die Verschattung.

Der Atem
stürzt in den Himmel.

Welt beginnt
so unbeirrbar leicht.

Wellen

Unruhige Tanzschritte,
hin und her, auf und ab,
zögernd, energisch.

Der See lächelt.

Die Wellen
kommen von weit her,
fortlaufend
ruhend in sich.

*

Nachts, vieles

Verqualmter Raum.
Basiliskenaugen,
Untergangsstimmung.
Die Erinnerung an dich.

Welt ufert aus
in Welt.

Und noch vieles mehr,
doch das verrate ich nicht.

So ist es

Ich rede
nicht vom Wetter.
So ist es.

Ich rede von dir,
so ist es.
Als ob ich wüsste,
was das ist.

*

Die unterste Schreibtischschublade

Vergessene Manuskripte,
ungeöffnete Briefe,
eine vertrocknete Spinne.

Eingesargte Zeit,
ich schliesse sie.

Stehe auf,
öffne das Fenster.

Das

Das ist es.
Aus Zwei wird vieles.
Die Grundfarben
werden gemischt.

Das da
war doch
soeben anders.

Das, nicht das,
ich fälle
kein Urteil.

*

Schlussakkord, sehr bekannt

Ich lege mich
in deine Hände.

Jetzt ist alles gut.

Aus der neuen Welt

Im letzten Sonnenstrahl
fallen die Hüllen –
wir umarmen uns,
als wär's der achte Schöpfungstag.

*

Du

Du versteckst dich
im Vielen,
im Einen.

Schön bist du
in den Blüten,
in den Steinen,
im Wind.

Du offenbarst dich
im Gesang,
im Schweigen.

Versteckst dich
im Verschenken.

Reise

Die Koffer sind gepackt,
das Billett in der Tasche,
das Ziel ist klar.

Jetzt müsste ich aufstehen,
zur Türe gehen.

Nein, ich bleibe hier,
wische mir den Schweiss
von der Stirn,
packe die Koffer aus,
zerreisse das Billett,
denn noch niemals
war mir etwas klar.

*

Wellen

Die Wellen
schlagen ans Ufer.

Deine Brust
hebt und senkt sich.

Das Universum
lacht.

Tanz

Sommergewitter.

Auf deinem nackten Bauch
tanzt der Regen.

                          *

Vorbereitung

Wir messen uns ab,
messen uns ein
im ersten Blick
vor der Orgie.

Aufgewacht
die Hand
auf deinem Leib.

Es ist zu schön,
um zu sterben.

*

Der nächtliche Brief

Bei Sonnenschein
wage ich es nicht,
dir zu schreiben,
dir das zu sagen,
was ich jetzt sage:

ICH LIEBE DICH.

Die Nacht
ist auf meiner Seite,
lächelt
und schluckt diesen Satz.

Gute Schritte

Sich zurückzubesinnen
auf die eigne Freiheit,
sich zurückzuziehen
auf das Offne
in sich selbst,
es sind gute Schritte.

Dich zu begleiten,
das sind gute Schritte.

*

Erinnerungen an Arles,
an van Gogh,
Aline und Ives.

Das Universum
ist mir
ein Feuerwerk
der Erinnerung.

Unsre Hände
finden sich
in einer geheimnisvollen Glut.

Der Nachthimmel
tanzt.

*

Wir umarmen uns.

Wir sind angekommen.

Gegenliebe

Ich berge mich
in dein Suchen ein,
vollende deinen Anfang.

Du zögerst
und wirfst dich
in meinen Brand.

*

Blicke

Wir schauen uns an –
die Blicke streifen
den Holunderbaum,
die untergehende Sonne.

Alles ist sehenswürdig.

Ich habe die Welt verloren,
doch ich sehe mich
in deinem Blick.

Im Lampenschein

Weinflasche, Tabakdose,
„Ahnung und Gegenwart",
ein aufgeschlagnes Buch.

Die Stunden
eilen vorbei,
vollenden sich
im Lampenschein.

Das durfte heute
geschehn.

*

Diese Bezüge

Du beziehst dich
auf mich
und auf vieles andere.

Du glaubst
das Leben zu kennen.

Ich kenne
das Leben nicht.

Ich beziehe mich
auf nichts.
Ich lebe.

Der Schatten
deiner Hand
auf meinem Körper,
er ist wie das Schweigen
des Singvogels,
gewichtlos,
schwer von Welt.

*

Das Beben
deiner Lippen
schwingt sich
in mir fort.

Ein Schritt,
zwei Schritte
mit dir

– es ist das ganze Leben.

*

Übereinstimmungen

In deinen Augen
glüht das Universum.

Verdunkelte Worte
hellen sich auf.

Die Hände fliegen weit fort
in der Umarmung.

Sie halten die ganze Welt.

Bücherregal

Grabsteine?
Visitenkarten?

Ich frage nicht.

Ich lebe existenziell
mit jedem Buch.
Nehme zärtlich
dich und dich
täglich, nächtlich
in meine Hand.

*

Geheimnis

Deine dunklen Pupurseeigelaugen
graben sich
durch die Brandung
in meine Höhlen.

An den feuchten Wänden
zittert ein letztes Licht.

Ferne stürzt in Nähe.

Wolkengebilde, Felswand

Geballte Riesenflocken,
verkarstete Runzeln,
Himmel- und Höllenfahrt,
leicht oder schwer –
in mir
tanzt alles.

Wir schenken uns
Wein nach,
schauen nach der Welt,
tanzen blind.

*

Glück, flüchtig

Wir lachen,
werfen Steine
in den See.
Trinken zusammen
Malvoisie,
sprechen über ein Buch.

Das Glück
setzt sich auf einen Ast,
wippt selbstvergessen
auf und ab,
bevor er zerbricht.

Unsre Hände,
unsre Körper
umkrauten sich.

Ich bete
atemlos
deine Wildnis an.

*

Du liegst nackt
neben mir
im Schein der Lampe.

Die Schatten an der Wand
tanzen gespenstisch
– und fallen ineinander.

Wir stürzen
unaufhaltbar
atemlang
ineinander
für die Zeitlosigkeit
der Lust.

*

Nachtwind in den Haaren
am Ufer des Sees.

Wir ziehen uns aus,
um uns anzubeten
beim Gesang der Wellen.

Wir atmen
ein und aus
im Flügelschlag mit dir,
schlanke Bachstelze.

Lust sucht Lust
im herabtropfenden Licht.

Der Bach strömt weiter,
als sei nichts geschehn.

*

Im Strassenrestaurant

Olivenöl, ein gebratner Fisch,
Brot und Wein auf dem Tisch.

Wir schauen uns lange an,
der Fisch wird kalt.

Mitternacht klopft an,
wir öffnen nicht.

Wir wollen allein bleiben
ohne Fisch, Brot und Wein.
Ohne Mitternacht.

Die Rechnung geht auf.

Lichthin in deinen schwarzen Pupillen

Ich bete
den Horizont an

deinen Leib

Nahsein
im Fremden –
das ist
ein gutes Gleichgewicht

*

Augenblicke
sind nie wahr
– aber so klar

Wir sind
e i n s geworden

nur der Singvogel
im Abendwind
weiss davon

*

Die alte Spinne
knüpft unverdrossen
ein neues Gespinst

das Universum
schwingt sich
in deinem Körper aus

Ewigkeit
bricht sich
im Prisma
und wird
tausend Augenblicke

mir genügt
e i n Augenblick
mit dir

*

Sternschnuppen
in meinem Blut
wenn du bei mir bist

wir fallen
ineinander

Die Täuschung
am Horizont
lacht

in meinen Herzgrenzen
versickert
ein Weinen

*

Zwei Seesterne
deine Brust

Flamme
stürzt
in Flamme

Dunkle Worte
fallen
lichthin
in deinen Händen

lichthin
in deinen schwarzen Pupillen

*

Wie Wind
dein Atem

Wurzeln
für mich

Schlank
wie Schilf
dein Körper

da gibt es
keinen Schatten

*

Wozu zehn Worte
wenn drei genügen?

bei dir
darf ich
sogar wortlos sein

Ich will dich
nicht fragen
nach dem Meer in dir

ich schweige
mit dem Fisch

*

Die Wellen
bedecken
die Steine
am Strand

mich öffnen sie
auf dich hin

Trotz Verirrungen Verwirrungen
Verspätungen
sind wir
beieinander angekommen

uns kann
nichts mehr
geschehn

*

Bin ich
blind
geworden?
verschluckt mich
eine Sonnenfinsternis?

zu grosse Fragen
für meine alltägliche Ratlosigkeit

Ich liebe es
zu verstummen
wenn jemand möchte
dass ich redete

*

Frage mich nicht
wenn ich schweige
frage mich
wenn ich rede

ich höre dich
im Anderswo
im Anderswie

doch ich antworte nicht

Du sandrasselotterst
durch meine Träume
du bist
voller Überraschungen

*

Dein Körper
ist mir
wie ein Quarz
der Himmel und Hölle
Leben und Tod
in den Augenblick
der Lust bricht

Wir sagen uns nichts –

wir leben aufeinander hin

*

Miteinander weinen
miteinander spielen

es ist alles möglich
im Miteinanderanderswo

Wälder Flüsse Berge
Meere Wüsten Eisberge
Vulkane und was weiss ich noch
– es gibt sie nicht

aber Sehnsucht
nach dir
die gibt es

    *

Ich kann dich
mit nichts vergleichen
da du für mich
alles bist

Mozart Chagall
Else Lasker-Schüler

vor allen Namen
kommst D U

*

Ich vertraue dir
meine Angst
meine Schreie
mein Schweigen

da du mir
deine Lust vertraust

Sehr viel sehr wenig
sehr schwer sehr leicht

wir lachen
völlig anderswo

        *

Alle Farben alle Formen
alle Töne
trägst du
in deiner Hand
die ich halte

Wie leergefegt
das Innere
von der Fülle

der Standpunkt
zählt

*

Licht singt
in den Schilfhalmen
deiner Augenbrauen

Wie eine Harfe
stehst du da
alter Baum
im Spinnennetz
der Sterne

*

Vereinsamt
umnachtet
vergesse ich
deine Umarmung
nie

Wie ein Menhir
ragst du
in die verlornen Stunden

machst mich
bewusstlos
vor Glück

*

Ohne Gepäck
komme ich
zu dir

wir begegnen uns
nackt zu nackt

Zu wenige
zu viele
Erinnerungen

wir umarmen uns
ohne Geschichten
einfach so
wie wir jetzt sind

*

Im Klangriss
der Nacht
lieben wir uns

als gäbe es
den Schlussakkord

Wie eine Phiole
liegst du
neben mir

ein Tropfen
Ewigkeit

*

Dein Körper
öffnet mir
die Welt
die längst verloren geglaubte

Nichts zu denken
nichts zu wissen
nichts zu glauben

auf d i c h
kommt es an

*

Die Träne
im Auge der Nacht
tropft in den See

der Pegel
steigt
über die Gefahrenzone

Wir nähern uns
in den Entfernungen

*

Der Atem
des Weltalls
ruht wie ein Vogel
in deiner Hand
die ich küsse

In deinen Augen
siehst du die Welt
die dich sieht

ob schwer oder leicht
nichts zählt

*

Sanft formt sich
das Adagio
in deinem Nabel

wir finden uns
unentrinnbar

Ich vergesse mich
in dir

finde
meine Verlorenheit

              *

Sehr nah
liegst du
neben mir
wie fern

das Leben
ist spät geworden

Die Zeit
schläft
in deinen Pupillen

ich wache
in ihnen auf

Ich lösche dein Feuer
mit meiner Zunge

Unauflösbar
taumelnd umschlungen

Die Nacht
ruht sich aus
auf deiner Stirn
träumt
in deinem Nabel

   – i c h bin
diese Nacht

*

Die Kerzen
flackern
auf dem Tisch

wir ziehen uns aus
und tanzen
tanzen eng umarmt

Wir nennen
unsre Namen
vieltausendmal

Wollust
stürzt
in Wollust

*

Krähengezank
draussen unterm Himmel

in meiner Dachwohnung
stumme
Liebesübereinkunft
mit dir

Ich lösche
dein Feuer
mit meiner Zunge

*

Wir liegen nackt
Beieinander
– und lachen
einer im andern
sich findend

Im Lichtriss
versickert
die Sinfonie

ich lecke deinen Leib

*

Du näherst dich
in deinen Entfernungen –

mein Gott
beides macht mich schwach

Mich erregt
deine Erregung

*

Welle
folgt auf Welle –

Lust auf Lust

Die Nacht seufzt
an deiner Wange
der Wind
setzt sich
im Baum
zur Ruh' –
wir lieben uns

*

Die Weingläser
sind leer

komm zu mir
ins Bett
wir trinken uns

Ich bete deine
fadenmolchschlanken Lenden an
deinen steinbuttrunden Hintern

ich liebe dich
von oben bis unten
von vorne und von hinten
unaufteilbar

*

Ich schiebe alles
zur Seite
denn ich bin geil
auf dein Geschlecht

Lippen auf Lippen
Zunge auf Zunge –
lustumarmt

*

Du schenkst mir
deine Nacktheit
so wie ich dir
meine Nacktheit schenke

Nichts zählt
– ausser Lust mit dir

*

Deine Brustwarzen
fliegen zu mir
deine Wimpern
fächern mir Kühlung zu

der Wasserfall tost
als sei nichts geschehn

Die Zungen erforschen
den Leib

es ist wie ein neuer Schöpfungstag
im brennenden Licht
der Sonne

*

Ich küsse
deinen Nacken
umklammere
dein Herzpochen

wir umarmen
das Echo der Nacht
in rasender Begierde

Zwischen deinen Schenkeln
kreist das Blut der Liebe

unsre Münder
werden ein Mund

       *

Ich hasche nach dir
schwärmendes Saugtierchen
schöne Riffbewohnerin

komm zu mir
zur alten Rippenqualle

zu verwundern
gibt es nichts

Liebeslieder
des Kaiserhummers
zu Füssen
der Spinnenassel

meine Nächte
sind bunt

*

Die Natur
irrt sich nicht
wenn Lust
Lust entfacht

Im Flussneunauge
lodert Feuer

ich küsse
deine Lider

        *

Wenn morgen
die Apokalypse
ausbrechen sollte

wir liebkosen
uns heute

Deine Brust
leuchtet
als Castor und Pollux
am Winterhimmel

im Schlafzimmer
atmen die Zwillingssterne
unter meiner Hand

*

Ich sehne mich
nach dir

dein Leib
berauscht mich mehr
als Wein

Wir wälzen uns
im Bett
der Milchstrasse

Liebeslust
kennt keine Grenzen

*

Ich bin
die Wachsmottenraupe
die deinen Körper
erforscht
du meine masslos geliebte
Waldklapperschlange

Du legst
deine Arme
wie eine Goldtaubnessel
um mich

ich sage j a
zu dir

                *

Ich taste
die Täler und Berge
deines Körpers ab

das Meer
in dir
überflutet mich

Du umzingelst mich
wie ein Korallenriff

*

Hals an Hals
geschmiegt
Geschlecht an Geschlecht

es ist einerlei
ob der Mond scheint
oder nicht

Dein Körper
rollt wie ein aufgewühltes Meer
an meinen Körper

ich schenke dir
die Ruhe
des Ufers

*

Du fragst mich
warum ich dich liebe

ich sage
weil so bist
wie du bist

Ein Feuerball
gleitet über deinen Körper

– hab keine Angst
es ist bloss mein Mund

*

Wir werfen uns
übereinander

das Weltall
stürzt ins Atom

Im Orgasmus
brennt die Zeit

das letzte Zeitenlose

*

Du fliesst nackt
über mich

ich fliesse nackt
über dich

Du schwimmst
als Fisch
durch mich
ich fliege
als Vogel durch dich

wir sind
im Verschiedenen
e i n s

              *

Ich bin
der kühlende Schatten
für dich

du bist
die Sonne
die mich erwärmt

Irr geworden
vor Lust
singen wir
zu zweit
als wären wir
ein ganzer Chor

*

Ich tanze
in dir
du tanzt in mir
choreografiert
von einer Liebe
die nie endet

Wir blättern uns
voreinander auf
wir entlauben uns

Natur läuft
folgerichtig ab

*

Ich trinke
an deinen Lippen
du trinkst
an meinen Lippen

die Nacht
kennt keinen Durst

Ich lege dir
meine Welten
zu deinen Füssen
und küsse sie

– und noch viel mehr

*

Wie erweitern
unsre Freiheit
indem wir uns
gefangen nehmen

Du offenbarst mir
die Unermesslichkeit
deiner Haut

meine Lippen
verirren sich
in dieser Grenzenlosigkeit

*

Wenn du
bei mir bist
verwandle ich mich

– auf mich hin
auf dich hin

In der Bindung
zu dir
lebe ich die Freiheit
von Bindungen

lebe den Weg das Ziel
der Erleuchtung

*

Wir halten
die Hand
im Einssein
von Geist und Körper

wir halten die Hand
im klaren Fluss der Liebe

jetzt und für immer

Im Erleuchtetsein der Liebe

*In der Wahrnehmung
aller Formen
fliesst die Liebe*

Im Unterschied
von Freude und Leid
tanzt die Liebe

*

Schieben wir
die Wolken
der Verblendung weg

schauen wir uns an
wie wir sind

Die Krähe
misbilligt
die Täuschung

*

Vieldeutig
und voller Anspielungen
dein Schatten
unter dem Baum

die Funken
sprühen
in hundert Richtungen

von dir
zu mir

Vordringend
zum Licht –
bewahren wir die Dunkelheit

*

Meditierend
auf der Achse der Welt –
liebeslustinnig

Das Donnern
das Säuseln des Winds
alles ist abhängig
im grossen Erleuchtetsein
der Liebe

*

Ich finde den Weg
zu dir
zu mir
nicht mehr

und lache

Aus der Kälte
von Jahrmillionen
schaust du mich
fragend an

*

Ungehört
versinkt das Wort

dem E i n e n
dem All zugewandt

deine Hände
umfassen alles

Hinter Zuneigung
und Abneigung
erscheinen die Dinge
als blosse Bilder

*

Du bist schön
wie eine Flussseeschwalbe

ich umarme dich

Ich singe

ruh dich aus
in mir

*

Im Kreislauf
aller Existenzen
tanzen
schangenartige Wassergeister

Vogel
du kennst den Zweig
mit deinem Lied

*

Untrennbar
sind Leerheit
und Erfüllung
in deiner Hand –

in der Nacht
halte ich deine Hand

Ich tanze in den
Lichtundlustkapillaren
deines Körpers

wir vereinigen uns

*

Nütze die Begierde
auf dem Weg
der Erleuchtung

tanze die Verdunkelungen
die Erhellungen

Die Nacht
spielt
auf dem Spinett

wir wollen uns
zeitenlos
liebkosen

*

Trunken vor Liebe
tauchen wir
ineinander ein

Ich sinke
zu deinen Füssen

anbetend
stumm

Im gleichen Verlag – bei BoD Books on Demand, Norderstedt, Deutschland – wie „**Lichthin in deinen schwarzen Pupillen**" ist von Paul Gisi erschienen:

„**Nächte des Knurrhahns**", Aphorismen, Fantasien, Briefe, 108 Seiten, 2015

„**Auf deinen Fingerbeeren tanzt das Weltall**", Liebesgedichte, 235 Seiten, 2016

„**Oleivo der Maler**", Passagen aus einem Künstlerleben, 84 Seiten, 2016

„**Simon der Dichter**", Teilsichten aus einem Künstlerleben, 104 Seiten, 2016